AF370271

VENTE

Du Lundi 26 Janvier 1891

A DEUX HEURES

HOTEL DROUOT — SALLE N° 1

OBJETS

D'AMEUBLEMENT

ANCIENS ET MODERNES

Bronzes d'art, Céladons montés

Sculptures, Émaux, Curiosités, Faïences, Cabinets, Bureau

Tables, Commodes des XVIIe et XVIIIe siècles

Meubles en vernis genre Martin, Bois sculptés

Siéges anciens

TRÈS BELLES BRODERIES DU XVIe SIÈCLE

MAGNIFIQUE DEVANT D'AUTEL

TAPISSERIES ANCIENNES

Sujets de chasse et Verdures

EXPOSITION PUBLIQUE

Le Dimanche 25 Janvier 1891, de 1 heure 1 2 à 5 heures 1 2

Me Maurice **DELESTRE**

Commissaire-Priseur

Rue Drouot, 27

M. B. **LASQUIN**

Expert

Rue Laffitte, 12

PARIS — 1891

IMPRIMERIE MAULDE et RENOU

—

A. MAULDE & Cie

IMPRIMEURS DE LA COMPAGNIE DES COMMISSAIRES-PRISEURS

Rue de Rivoli, 144. — Paris

CATALOGUE

OBJETS D'AMEUBLEMENT

ANCIENS ET MODERNES

Bronzes d'art, Céladons montés
Sculptures, Émaux, Curiosités, Faïences, Cabinets. Bureau
Tables, Commodes des XVIIe et XVIIIe siècles
Meubles en vernis genre Martin, Bois sculptés
Siéges anciens

TRÈS BELLES BRODERIES DU XVIe SIÈCLE

MAGNIFIQUE DEVANT D'AUTEL

TAPISSERIES ANCIENNES

Sujets de chasse et Verdures

DONT LA VENTE AURA LIEU

HOTEL DROUOT, SALLE N° 1

Le Lundi 26 Janvier 1891

A DEUX HEURES

Par le ministère de **Me Maurice DELESTRE**, Commiss^{re}-Priseur.
rue Drouot, 27,
Assisté de **M. B. LASQUIN**, Expert, rue Laffitte, 12

EXPOSITION PUBLIQUE

Le Dimanche 25 Janvier 1891, de 1 heure 1 2 à 5 heures 1 2

PARIS — 1891

CONDITIONS DE LA VENTE

—

Elle sera faite au comptant.

Les Acquéreurs paieront CINQ POUR CENT en sus du prix d'adjudication.

✻ ✻ ✻

A Maulde et Cie. imprimeurs de la Compagnie des Commissaires-Priseurs,
rue de Rivoli, 144.   300—11714

DÉSIGNATION

BRODERIES ET ÉTOFFES ANCIENNES

1 — Magnifique Parement d'autel du xvɪᵉ siècle, en broderie d'or. d'argent et de soie, sur fond de velours cramoisi, offrant quatre cartouches ovales représentant : La Vierge dans une gloire d'anges, saint Martin, saint Jean et un quatrième personnage. Ces cartouches sont séparés par d'élégants balustres, terminés par des bustes ailés.

Cette riche composition est encadrée par trois bandes de motifs d'ornements, également en broderie d'or et d'argent, bordées d'un galon d'or et d'un effilé de soie rouge.

2 — Trois beaux Ornements d'officiants, comprenant : une Chape, deux Dalmatiques et une Chasuble en velours cramoisi du xvɪᵉ siècle, très richement brodé d'or et d'argent, à réseau de fleurons avec orfrois, ornés de larges rinceaux, vases, rosaces et entrelacs.

Très belle conservation.

3 — Grande Portière ou Couvre-Lit, formée de huit
lés de drap d'argent, du xvie siècle, à fond vert, par-
semé de fleurons symétriques en soie jaune.

4 — Deux jolies Broderies du xvie siècle, exécutées en
or, argent et soie, sur fond de velours rouge, offrant
au centre un médaillon dans un cartouche, entouré
de rinceaux et d'un encadrement à feuillages et
coquilles.

5 — Velours du xvie siècle, à ornements de feuillages
et bâtons rompus, en vert, sur fond jaune.

6 — Deux jolies Bandes en broderie d'or, d'argent et
de soie sur fond de velours rouge, à cartouches,
blasons et médaillons dans des rinceaux.

TAPISSERIES

———

7-8 — Deux Tapisseries de la fin du xvie siècle, représentant des sujets de chasses, avec petites figurines,
dans des parcs que l'on aperçoit au delà d'une balus-
trade surmontée de riches colonnes à chapiteaux et
ornements.

Au premier plan se voient divers animaux et
oiseaux.

9 — Portière en tapisserie du xvie siècle, représentant
deux Guerriers se combattant.

10 — Petit Panneau carré : Fragment d'une tapisserie
du xvie siècle, représentant le sujet de Daphné,
changée en laurier.

11 — Tapisserie d'Aubusson à sujet, d'après Joseph VERNET, représentant un Paysage maritime avec figures.

12 — Tapisserie à sujet de verdure avec bordure.

12 *bis* — Petite Tapisserie à sujet de verdure.

13-14 — Deux Tapisseries verdure.

15 — Panneau carré en tapisserie au point représentant une Corbeille de fleurs.

***

BRONZES

---

16 — Joli Vase en ancien céladon vert d'eau de la Chine, décoré de plantes en émail blanc, avec riche monture de style Louis XV, en bronze ciselé et doré, composée de roseaux, de feuillages et d'ornements rocaille.

17 — Vase formé d'une double truite en ancien céladon vert d'eau de la Chine, orné d'une monture en bronze ciselé et doré, en forme d'aiguière, composée d'ornements rocailles, de feuillages et de roseaux.

18 — Importante Pendule en marbre avec figures en bronze, d'après CARRIER - BELLEUSE, représentant Raphaël assis et méditant.

19 — Beau Groupe en bronze, d'après Ch. Levy :
Vénus et l'Amour.

20 — Statuette équestre d'Henri IV, en bronze, sur
socle en marbre vert.

21 — Deux Statuettes de Voltaire et de J.-J. Rousseau,
en fonte, d'après Houdon.

22 — Groupe en bronze : Chien combattant un Sanglier.

23 — Groupe en bronze : Combat de deux Chiens.

24 — Taureau debout en bronze.

25 — Chien en arrêt, bronze de Mène.

26 — Deux petits Bustes en bronze de Voltaire et de
J.-J. Rousseau, sur socle en marbre.

27 — Petit Buste de Voltaire, en bronze, sur socle en
marbre.

28 — Perdrix en bronze, d'après Moigniez.

29 — Deux Candélabres du temps de l'Empire, à trois
lumières et Figures de femmes.

30 — Deux Chenets Louis XVI, en bronze doré, modèle
à vases.

31 — Œil-de-Bœuf Louis XVI, en bronze.

SCULPTURES

—

32 — Maquette d'un groupe équestre en cire.

33 — Buste de Charlotte Corday, en terre cuite, de CLÉSINGER.

34 — Petit Buste de Guerrier, en terre cuite, du xviiie siècle.

35 — Statuette d'Enfant tenant un masque, terre cuite.

36 — Médaillon en terre cuite : Buste de Jacques Scheffauer, sculpteur, fait à Rome en septembre 1789, par LANGE.

37 — Groupe en terre cuite, signé DELAVILLE, 1797 : Faune et Enfant.

38 — Groupe en terre cuite : Enfant portant une hotte de fleurs.

39 — Statuette de Mirabeau, en terre cuite.

40 — Buste du Comte de Provence, en bois sculpté et peint.

OBJETS DIVERS

41 — Plaque en émaux de couleurs, de Jean LAUDIN :
Jésus bénissant.

42 — Plaque en émaux de couleurs : la Vierge en
prière.

43 — Plaque ronde en émail de Limoges : Saint Bar-
tholomé.

44 — Deux Bouteilles en faïence italienne.

Petit Baril en faïence de Nevers.

Deux Vases en porcelaine de Vienne.

45 — Fusil à rouet, à monture incrustée d'ivoire gravé.

46 — Fusil à deux coups, du xviiie siècle, à monture
sculptée et garniture de cuivre argenté.

47 — Ancienne Voiture d'enfant en osier, avec monture
en bois sculpté. xviiie siècle.

AMEUBLEMENT

—

48 — Charmant Bureau de dame de style Louis XV, ouvrant à cylindre, entièrement décoré au vernis genre Martin, de Sujets pastoraux, Paysages et Attributs champêtres, et garni de bronzes.

49 — Vitrine à deux portes et côtés en glace sans tain, de même travail que le Bureau qui précède.

5o — Bureau dit Bonheur-du-Jour, Louis XVI. ouvrant à cylindre, avec portes garnies de glaces, en acajou, garni de cuivre et à dessus de marbre.

5 I — Chiffonnier en acajou, à poignées et cannelures de cuivre, dessus de marbre.

52 — Petite Commode Louis XVI, forme demi-lune, avec portes sur les côtés, en bois satiné, ornée de médaillons en marqueterie, dessus de marbre.

53 — Petite Commode Louis XVI, de même forme que la précédente, en acajou, ornée de bronze, dessus de marbre.

54 — Toilette Louis XVI, en bois satiné, marquetée à filets.

55 — Petit Cabinet Louis XIII, en bois marqueté, à figures et entrelacs, orné de cariatides sculptées, l'intérieur garni de tiroirs et de casiers et décoré de peintures au revers des portes.

56 — Bureau plat Louis XVI, en bois noir.

57 — Table à ouvrage Louis XV, en bois de rose.

58 — Petite Table de nuit Louis XV.

59 — Petite Commode d'enfant en bois de rose.

60 — Paravent Louis XVI, à six feuilles en toile peinte.

61 — Table rognon Louis XV, en bois de rose.

62 — Deux Cabinets en bois de placage, ornés de bronzes sur leurs supports en bois noir.

63 — Coffret gothique en bois sculpté.

64 — Coffret rectangulaire en bois sculpté, à médaillons d'attributs.

65 — Deux Supports chinois en bois dur sculpté à jour et à dessus de marbre.

66 — Deux grandes Gaînes en chêne, ornées sur la face de Trophées et d'Attributs de l'Empire.

67 — Secrétaire Louis XVI, en acajou, à filets de cuivre.

68 — Petite Table-Bureau en acajou, à pieds cannelés.

69 — Table de nuit Louis XV, en bois de rose.

70-71 — Deux Tables à ouvrage, Louis XV.

72 — Six Chaises, genre Louis XIII, en bois noir incrusté de cuivre et garnies de crin. — Elles proviennent du château d'Eu.

73 – Deux Étagères de même provenance.

74 — Guéridon ovale à quatre pieds, volutes en bois sculpté et peint en blanc, dessus de brêche.

75 — Prie-Dieu en bois sculpté à fond plein, offrant deux médaillons en bas-relief, et supporté sur le devant par deux cariatides de femmes.

76 — Un Crucifix et trois Statuettes en bois sculpté.

77 — Chaise-Longue Louis XV, en bois sculpté, garnie de velours vert.

78 — Six Chaises Louis XIV, en bois sculpté, foncées de canne.

79 — Un Fauteuil Louis XIV, garni d'étoffe.

80 — Un Fauteuil Louis XIV, canné.

81 — Petit Meuble de Salon, de style Louis XVI, en bois sculpté et laqué blanc, composé d'un Canapé quatre Fauteuils et deux Chaises.

82 — Bois de Fauteuil Louis XIV.

83 — Bois de Fauteuil Louis XVI.

84 — Cartel de style Louis XVI, en bois sculpté, à guirlandes à feuilles de laurier dorées en partie.

85 — Deux Écussons aux Armes impériales.

86 — Baromètre octogone surmonté d'un fronton en bois sculpté.

87 — Baromètre Louis XVI en bois sculpté et doré, à guirlandes et rubans.

88 — Couronnement de Trumeau Louis XV, en bois sculpté.

89 — Deux grandes Guirlandes feuilles de lauriers en bois sculpté.

90 — Grand Cadran Louis XIV, en bois doré.

91 — Banquette bambou.

92 — Toilette en marbre.